FLORESTAS

POR QUE PRECISAMOS DELAS

Editora Melhoramentos

Rappa, Cristina

Florestas: por que precisamos delas / Cristina Rappa; ilustrações Edu A. Engel.
São Paulo: Editora Melhoramentos, 2014.

ISBN 978-85-06-07032-1

1. Literatura infantil. 2. Educação ambiental. I. Título.

13/197 CDD-869.8B

Índices para catálogo sistemático:

1. Literatura infantil 809.8
2. Literatura infantil brasileira 869.8B
3. Educação ambiental 574.5
4. Meio ambiente 574.5
5. Preservação ambiental - Florestas 574.5

Obra conforme o Acordo Ortográfico da Língua Portuguesa

Ilustrações: Edu A. Engel
Projeto gráfico e diagramação: Amarelinha Design Gráfico
Coordenação editorial: Patrícia Engel Secco
Crédito das imagens: Dreamstime.com

1.ª edição, fevereiro de 2014
ISBN: 978-85-06-07032-1

Atendimento ao consumidor:
Caixa Postal 11541 – CEP 05049-970
São Paulo – SP – Brasil
Tel.: (11) 3874-0880
www.editoramelhoramentos.com.br
sac@melhoramentos.com.br

Impresso no Brasil

CRISTINA RAPPA

ILUSTRAÇÕES
EDU A. ENGEL

FLORESTAS

POR QUE PRECISAMOS DELAS

MELHORAMENTOS

A autora

Foto: Acervo da autora

Cristina Rappa. A inspiração para este meu livro é resultado da vivência com a minha avó, dona de uma pequena propriedade rural numa linda região no sul de Minas. Sem alternativas na época, ela cultivava café e criava gado leiteiro. A famosa dupla café com leite, que sustentou o Brasil por tantos anos.

Na fazenda, havia uma mata frondosa, cheia de jequitibás e jacarandás, entre outras espécies da região, e minha avó não permitia que se derrubasse uma árvore sequer e ainda expulsava os garotos que entravam em sua propriedade com estilingues, atrás de passarinhos, e os pescadores. Isso impressionava os outros agricultores da região. E, na época, nem se falava em meio ambiente, em Código Florestal e nos benefícios da proteção ambiental para o equilíbrio do ecossistema e para aumentar a produtividade.

Sim, porque os passarinhos que a minha avó protegia ajudam a disseminar sementes e contribuem para a biodiversidade. Minha avó, usando apenas seu instinto, era uma visionária.

Esse exemplo me marcou bastante, e acabei virando jornalista, especializada em agricultura, ciências e meio ambiente. Pude estudar e entender ainda mais a importância das florestas. Para todo mundo: gente do campo e gente da cidade.

O ilustrador

Foto: Acervo do ilustrador

Edu. A. Engel, paulista, nascido em 1965, é arquiteto formado pela Faculdade de Arquitetura da Universidade Mackenzie. Sócio-diretor da empresa Engel Design, é ilustrador e domina diversas técnicas de desenho. Ilustrou mais de quarenta livros de diversos autores.

Sumário

– Eu não sei bem o que é isso, mas achei tão bonitinho... Podemos ficar com ele?

Capítulo 1

Florestas são importantes?

A resposta é sim, e a prova disso é que, em reconhecimento à sua importância para a vida na Terra, elas até ganharam uma data especial de uma das mais respeitadas instituições do mundo. A Organização das Nações Unidas (ONU) instituiu 2011 como o Ano Internacional das Florestas.

E, como que para comemorar, no dia 5 de dezembro de 2011, o governo brasileiro nos deu uma boa notícia ao anunciar que, naquele ano, o desmatamento na Amazônia Legal havia sido de 6.238 km², o menor índice desde que o monitoramento por satélite começou a ser registrado, em 1988, e uma redução de 11% em relação a 2010. Os dados que apoiaram tal declaração são do Projeto de Monitoramento da Floresta Amazônica Brasileira por Satélite (Prodes), adotado pelo Instituto Nacional de Pesquisas Espaciais (Inpe), o órgão oficial cujos satélites monitoram queimadas, tempo, clima e desmatamento na Amazônia e que é referência para esse tipo de dado.

Um ano depois, o desmatamento na Amazônia Legal caiu mais 27%, para depois voltar a subir: entre agosto de 2012 e julho de 2013 foram identificados

PARADO AÍ!
– Você tem licença para desmatar esta área?

5.843 km^2 de mata derrubada, 28% a mais do que o registrado no período anterior..

Parece uma grande área, não? Pois é, mas o progresso para a contenção de desmatamento é grande e esta é a segunda menor área em mais de vinte anos. Para efeito de comparação, houve anos, nas décadas de 1990 e 2000, em que a área desmatada foi superior a 20 mil km^2. Só em 2004 foi registrado desmatamento de quase 28 mil km^2.

A pesquisa do Inpe é baseada em 96 imagens, que cobrem 90% da Amazônia, e tem uma margem de erro de 10%. Há, no entanto, indícios de alguns "dribles" na inspeção, por meio do desmatamento de áreas inferiores a 25 ha (25 mil m^2), que estariam fora da fiscalização por satélite, o que o Ministério do Meio Ambiente tenta combater por outros meios.

Com menos desmatamento ou não, a Amazônia está sempre no centro das atenções quando os assuntos são meio ambiente e clima. As ações de educação e fiscalização, além do debate em torno do que é melhor para o bioma e a população que nele vive, não podem cessar. É por causa delas que os números do desmatamento estão caindo.

Todo esse esforço e atenção têm uma razão muito nobre: a importância das florestas. E a escolha da ONU como tema de campanha de 2011 reforça o reconhecimento de sua importância para a sociedade e a sobrevivência da vida na Terra. A ideia da escolha desse tema é sensibilizar as pessoas sobre a necessidade de eficientes gestão, conservação e desenvolvimento das florestas. Tudo isso é feito para o bem de todo o planeta, pois as florestas exercem a função vital de regular o clima (ele de novo!), são responsáveis pela manutenção da biodiversidade, além de possuir um papel social e econômico. Afinal, tem gente morando nessas áreas; e essas pessoas devem tirar seu sustento da floresta sem desmatá-la, tendo direito a uma vida digna. Isso sem falar dos que indiretamente vivem dos produtos da floresta, como fitoterápicos, cosméticos, sucos etc.

O fato é que as florestas cobrem 31% (quase um terço) de toda a área terrestre do planeta, abrigam 300 milhões de pessoas e têm responsabilidade direta na garantia da sobrevivência de 1,6 bilhão delas e de 80% da biodiversidade terrestre. Os dados agora são do Programa das Nações Unidas para o Meio Ambiente (Pnuma).

Em pé, ou seja, vivas, as florestas são capazes de movimentar US$ 468 bilhões por ano (cerca de R$ 930 bilhões em 2013), de acordo com Mário Reinales Carranza, presidente do Fórum das Nações Unidas sobre Florestas (UNFF), na abertura da edição de 2013 do evento, em abril, em Istambul, na Turquia, mas, infelizmente, a maioria de suas atividades é baseada na derrubada das matas, ainda bastante comum em todo o mundo por causa da ignorância ou do desejo de lucro imediato.

Isso porque a maioria dos benefícios econômicos resultantes do desmatamento é ganho de curto prazo, como o obtido com a venda de madeira. No longo prazo, esse negócio não é bom, a madeira nobre pode acabar e essas terras podem se tornar improdutivas.

Apesar de muito importantes, as florestas continuam sendo desmatadas. A Organização Não Governamental (ONG) Conservação Internacional (CI) informa os dez *hotspots*[1] florestais mais ameaçados de extinção do mundo, cuja área já foi, pelo menos, 90% desmatada (veja pág. 11).

---

[1] Para ser considerada um hotspot, a área deve ter riqueza biológica, índice elevado de espécies únicas de animais e plantas, além de estar muito degradada, com alto risco de desaparecer. Em 2013, em função de um maior conhecimento sobre às ameaças à biodiversidade, a Conservação Internacional ampliou esta sua lista de hotspots para 25, considerando outros critérios além do desmatamento e incluindo o Cerrado brasileiro, por exemplo.

1. Região da Indo-Birmânia (Ásia-Pacífico) – com 5% de *habitat* remanescente
2. Nova Zelândia (Ásia-Pacífico) – 5%
3. Sunda (Indonésia, Malásia e Brunei, na Ásia-Pacífico) – 7%
4. Filipinas (Ásia-Pacífico) – 7%
5. Mata Atlântica (América do Sul) – 8%
6. Montanhas do Centro-Sul da China (Ásia) – 8%
7. Província Florística da Califórnia (América do Norte) – 10%
8. Florestas Costeiras da África Oriental (África) – 10%
9. Madagascar e Ilhas do Oceano Índico (África) – 10%
10. Florestas de Afromontane (África Oriental) – 11%

Neste livro destacaremos as florestas do Brasil, que hoje abriga, junto com a Rússia e o Canadá, cerca de 70% das florestas remanescentes mais relevantes do planeta. Uma responsabilidade e tanto!

Amazônia Legal

A Amazônia Legal é a região compreendida por nove estados brasileiros pertencentes à bacia Amazônica: Acre, Amapá, Amazonas, Pará, Rondônia e Roraima, na região Norte; parte de Mato Grosso e Tocantins, na região Centro-Oeste; e parte do Maranhão, no Nordeste. Possui trechos de Floresta Amazônica e engloba uma área de 5.217.423 km^2, correspondente a cerca de 61% do território do Brasil.

Foi instituída com o objetivo de definir a delimitação geográfica da região política captadora de incentivos fiscais, visando à promoção de seu desenvolvimento.

Conservação Internacional (CI)

CONSERVAÇÃO INTERNACIONAL Brasil

A Conservação Internacional (CI) é uma ONG sediada em Washington (EUA) que tem como missão promover o bem-estar humano fortalecendo a sociedade no cuidado responsável da natureza, amparada em uma base sólida de ciência, parcerias e experiências de campo. Fundada em 1987, a CI atua com abordagem técnico-científica em mais de 30 países, propondo um modelo de desenvolvimento no qual a sociedade valoriza a biodiversidade, colaborando para a sua proteção e gestão.

Em 1988, iniciou projetos no Brasil onde, além de equipe multidisciplinar, possui uma rede de mais de cem parceiros - como organizações da sociedade civil, institutos de pesquisa, proprietários rurais e empresas privadas -, o que lhe permite implementar projetos nos biomas Amazônia, Cerrado, Pantanal, Mata Atlântica e Costeiro-Marinho, além de ações na Caatinga.

Pronto para o nosso passeio pela Floresta Amazônica e pela Mata Atlântica?

Quer saber mais sobre os projetos da CI?
Acesse www.conservacao.org,
ou www.conservation.org, para consultar a
versão em inglês.

Capítulo 2

A Amazônia é grande em tudo: na importância, na biodiversidade e nos desafios

De acordo com os biólogos da ONG CI, um dos maiores desafios florestais no Brasil é proteger o Cerrado, que mantém apenas 20% de sua vegetação original, e a Mata Atlântica, que conserva menos de 8%.

Já a Floresta Amazônica, apesar de ser alvo de campanhas e disputas entre ambientalistas, ruralistas, madeireiros, ONGs internacionais, mineradoras, sem-terra e a Igreja, não é o bioma mais ameaçado do Brasil, pois teve cerca de menos de 20% de sua área devastada até agora. Mas é preciso considerar que ela é a maior floresta tropical úmida do planeta, com cerca de 5,5 milhões de km^2, e com a maior diversidade, daí sua enorme importância. A Floresta Amazônica possui um terço de todas as espécies vivas do mundo. Portanto, desmatá-la acarreta desequilíbrio no clima e nas espécies, comprometendo não só a vida como também atividades fundamentais, como a agricultura, responsável pela produção de alimentos e fibras. Isso sem falar na falta de água, outra consequência do desmatamento.

– Mais uma vez... DOOOOIS OU UM!...

O Brasil abriga 40% da área total da Floresta Amazônica

A mata não fica só aqui. Ela se estende por mais oito países: Venezuela, Colômbia, Peru, Bolívia, Equador, Suriname, Guiana e Guiana Francesa. No Brasil, onde ocupa cerca de 40% de sua superfície, ou quase 3,5 milhões de km², ela está presente em nove estados: Amazonas, Pará, Roraima, Rondônia, Acre, Amapá, Maranhão, Tocantins e parte de Mato Grosso.

A Floresta Amazônica, típica floresta tropical, divide-se, segundo o botânico Mário Guimarães Ferri, no livro *A Vegetação Brasileira* (Edusp, 1979), em três tipos principais: as matas de terra firme, de folhagem perene; as matas dos igapós, permanentemente inundadas; e as matas de várzea, temporariamente inundadas. São matas altas, densas e extremamente úmidas, além de ter uma diversidade de espécies de animais e de plantas. Para se ter uma ideia, cerca de 20% da diversidade planetária está contida na Floresta Amazônica.

Ela é tão importante para o planeta que sua internacionalização é sempre debatida. O objetivo é tirá-la da gestão brasileira e excluir sua soberania, apesar de o Brasil possuir uma legislação ambiental que é considerada muito exigente, na busca pela proteção de mangues, ambientes marinhos, rios e florestas, com mais rigor do que diversos países. O que falta é capacidade de fiscalização de seu cumprimento, em parte por causa de suas dimensões continentais.

No Rio Amazonas e em seus mais de mil afluentes, estima-se que haja quinze vezes mais peixes do que em todo o continente europeu. Apenas 1 hectare – ou seja, 10 mil m^2 – da floresta pode ter até 300 tipos de árvores. Para efeito de comparação, a floresta temperada dos Estados Unidos, país de dimensão superior à do Brasil, possui apenas 13% do número de espécies de árvores da Amazônia.

Toda essa riqueza natural, no entanto, tem sido alvo de exploração predatória e ilegal, ameaçando o ciclo natural de reprodução dos recursos, bem como a subsistência das comunidades que habitam a região.

Em novembro de 2013, o Inpe anunciou que, após quatro anos em queda, o desmatamento na Amazônia Legal de agosto de 2012

a julho de 2013 ficou em 5.843 km². A quase totalidade dos desmatamentos está concentrada em quatro estados, por causa de investimentos em infraestrutura, como rodovias e hidrelétricas, e programas governamentais de incentivo à agricultura e à pecuária, além dos assentamentos: Pará (2.379 km² de mata cortada), Mato Grosso (1.149 km²), Rondônia (933 km²) e Amazonas (562 km²).

As áreas com maior probabilidade de desmatamento ficam ao longo das rodovias, como as 163 (Cuiabá-Santarém) e 230 (Transamazônica). O Instituto do Homem e Meio Ambiente da Amazônia (Imazon), entidade que se dedica a estudar e propor soluções para problemas de uso e conservação dos recursos da Amazônia, costuma alertar em suas publicações para o "desmatamento especulativo" próximo a rodovias e obras. E para ambientalistas como Paulo Moutinho, ecologista e coordenador de Mudanças Climáticas do Instituto de Pesquisa Ambiental da Amazônia (Ipam), uma das grandes ameaças às florestas são mesmo as rodovias, especialmente pela ocupação desordenada que trazem (*IHU On-Line*): o acesso facilitado pela abertura da estrada atrai mais pessoas àqueles locais sem ter havido investimento em infraestrutura para acolher o aumento populacional.

– Este é o novo Programa de Redução no Desmatamento...

Além das rodovias, outro fator de desmatamento são as queimadas, muito mais do que os incêndios acidentais e a exploração da madeira. O fogo é normalmente empregado pelos pequenos agricultores para limpar o terreno, preparando-o para a atividade agropecuária. Pequenos produtores normalmente são carentes de informações técnicas e maquinário para preparo da área para a instalação da lavoura e acabam lançando mão do fogo para isso. Não é o ideal, mas não há muitos danos decorrentes dessa prática se a área for pequena. No entanto, muitas vezes as chamas escapam do controle e invadem a floresta, queimando as árvores e contribuindo para reduzir as chuvas e aumentar a temperatura. A mata seca fica mais propensa às chamas, o que fecha o círculo.

Isso não significa que a extração da madeira não preocupe ambientalistas e biólogos. Apesar de participar com apenas pouco mais de 2% das exportações mundiais de madeiras serradas, o Brasil é forte produtor e consumidor de madeiras tropicais: 11,2 milhões de m^3 de madeiras serradas e 10,5 milhões de m^3 de madeiras utilizadas de diversas formas, segundo dados de 2000 da FAO, a agência da ONU que cuida da agricultura e da alimentação. O setor florestal produz riquezas, seu PIB equivale a 4% do PIB[2] do Brasil, e gera cerca de 2 milhões de empregos diretos e indiretos, o que é um dado positivo. O problema é o extrativismo da madeira sem controle e sem fiscalização.

O número de serrarias na Amazônia cresceu muito rapidamente na segunda metade do século XX. Em 1956, conheciam-se 89 delas; em 1989, elas somavam quase 3 mil (artigo "Análise Econômica da Indústria de Madeiras Tropicais: o caso de Sinop, MT", publicado na revista *Ciência Florestal* da Universidade de Santa Maria, RS; www.ufsm.br/cienciaflorestal/artigos).

[2] Produto Interno Bruto, ou a soma de todos os bens e serviços produzidos por um país.

Quem nasceu primeiro: o ovo ou a galinha?

A relação entre estradas e serrarias é forte. A abertura da Rodovia Belém-Brasília, por exemplo, contribuiu muito para a multiplicação do número de serrarias na região por onde ela passa. Quando os estoques de madeira natural diminuem, as madeireiras migram para outros locais. Isso já ocorreu em diversos municípios e estados da Amazônia.

– Assim desmatamos... mas com consciência ecológica!

Imazon

O Instituto do Homem e Meio Ambiente da Amazônia (Imazon) é um instituto de pesquisa cuja missão é promover o desenvolvimento sustentável da Amazônia por meio de estudos, apoio à formulação de políticas públicas, disseminação ampla de informações e formação profissional. O instituto foi fundado em 1990, e sua sede fica em Belém (PA).

Imazon

Trabalham no Imazon aproximadamente 70 profissionais especializados em ecologia, engenharia florestal, direito ambiental, economia rural, geoprocessamento, planejamento regional e políticas públicas. O instituto afirma conduzir suas análises com base em métodos científicos comprovados na literatura especializada.

Para saber mais sobre os trabalhos e estudos do Imazon, dê uma olhada em www.imazon.org.br.

Capítulo 3

A Mata Atlântica ou o pouco que sobrou dela

Quem mora em uma cidade grande como São Paulo, quando viaja para a praia, atravessa, pelas rodovias que levam ao litoral, uma floresta muito fechada e úmida. Muitas vezes, está fazendo sol no planalto e no litoral, mas chuviscando na serra, dentro da mata.

Dependendo da época do ano, ainda dá para se deliciar, pela janela do carro ou do ônibus, com a imagem de manacás ou ipês, dando um colorido rosa ou amarelo à paisagem verde.

...daí quando perguntei "MATA ATLÂNTICA" me indicaram isso aqui!...

Essa vegetação no caminho da praia que acompanha não apenas paulistas, mas de gaúchos a potiguares, é exemplo de fragmentos que sobraram da Mata Atlântica, floresta tropical que preenchia toda a linha do litoral do Brasil, de norte a sul. Essa floresta ocupava originariamente 15% do território brasileiro e chegava até a Argentina e o Paraguai.

Margeando a costa do Oceano Atlântico – daí a origem de seu nome –, a Mata Atlântica caracteriza-se por árvores de grande e médio porte, formando uma floresta fechada, densa, úmida e, por isso, exuberante. Como ocupa regiões de diferentes latitudes e, consequentemente, climas, não é uniforme. No Paraná, por exemplo, é também representada pelas florestas de araucárias, hoje bastante reduzidas.

Quando subimos a serra, do litoral paulista para a capital, pela rodovia dos Imigrantes ou pela Anchieta, de dentro do carro ou do ônibus não podemos imaginar as dificuldades enfrentadas pelo padre José de Anchieta para chegar ao planalto, enfrentando terreno íngreme, chão escorregadio, floresta fechada, mosquitos, entre outros percalços. Por falar em Anchieta, o Dia da Mata Atlântica é comemorado em 27 de maio, data em que o jesuíta assinou a Carta de São Vicente, na qual descreveu, pela primeira vez, a biodiversidade das florestas tropicais brasileiras, que ele conheceu no caminho, nada fácil na época, entre São Vicente, no litoral, e a cidade de São Paulo.

Essa mata não encantou apenas Anchieta, mas todos os portugueses que aqui chegaram no início do século XVI. Do outro lado do Oceano Atlântico, na África, na mesma latitude, a paisagem era bem diferente: seca e até desértica. A causa dessa diferença seria o giro no sentido anti-horário das correntes marinhas, comum nos oceanos do hemisfério sul. Quem explica é o agrônomo da Embrapa[3] Evaristo Eduardo de Miranda, especializado em ecologia (artigo da *National Geographic*) e que tem se dedicado a estudar mudanças climáticas e sua influência na agricultura brasileira.

[3] Empresa Brasileira de Pesquisa Agropecuária, vinculada ao Ministério da Agricultura, Pecuária e Abastecimento; foi criada em 1973 para viabilizar pesquisas para o desenvolvimento e a sustentabilidade da agricultura brasileira.

Aposto que vão querer vender um monte de bugiganga...
Rá... você ainda não viu a bagunça que eles fazem no jardim... e falam de um jeito muito engraçado também...

Mas a ocupação humana ao longo dos séculos – justamente pela proximidade da costa e onde portugueses e outros colonizadores e exploradores, entre eles piratas, aqui aportaram e se estabeleceram antes de se aventurar a desbravar o interior do país – reduziu essa mata de 1,3 milhão de km² a cerca de 100 mil km². Dessa área, apenas 21 mil km² estão atualmente protegidos em Unidades de Conservação de Proteção Integral. Mesmo assim, se compararmos com os demais biomas brasileiros, é muito, pois, de acordo com um estudo publicado em 2001 pela Rede de ONGs da Mata Atlântica, 75% das Unidades de Conservação de Proteção Integral no Brasil estão localizadas na Mata Atlântica.

A tentativa de proteção teve início já com os colonizadores portugueses, que sabiam valorizar essa riqueza em forma de plantas e animais e temiam que saques para extração de madeiras a ameaçassem. Receavam ainda perder, para exploradores de outros países, o controle de uma riqueza que julgavam deles de direito.

Uma compilação de leis denominadas Ordenações do Reino trazia, já no tempo de Dom Manuel I, no início dos anos 1500, capítulos dedicados à preservação dos recursos naturais. Neles havia uma relação de árvores cujo corte era proibido por lei, o que deu origem à expressão "madeira de lei". O pau-brasil, valioso a ponto de dar nome ao novo país, era uma dessas madeiras, sendo alvo de corte desde antes do descobrimento, pelos índios, por causa do seu pigmento.

– NÃO foi isso que eu quis dizer com "TOMAR GOSTO pela Arte"!

Os índios costumavam derrubar a mata, ateando-lhe fogo, para nessa área cultivar mandioca e milho, por exemplo, além de empregar a prática para acuar os animais para a caça. Mas, como a população indígena não era grande, esse desmatamento não colocava em risco o equilíbrio ecológico do continente. A agressão ao meio ambiente no Brasil ganhou ritmo mais acelerado com os colonizadores.

Em 1557, o viajante e cronista alemão Hans Staden publicou um livro sobre suas viagens ao Brasil em que documentava um processo de "verdadeira agressão ao ambiente pelo homem" (*A Vegetação Brasileira*, de Mário Guimarães Ferri). E, no século XIX, o botânico francês Auguste de Saint-Hilaire informava,

em *Viagem à Província de São Paulo e Resumo das Viagens ao Brasil, Província Cisplatina e Missões do Paraguai,* a "extensa devastação" feita em nossas matas.

Tudo é relativo. Apesar desses registros e dos alertas de Staden e Saint-Hilaire, no Brasil o desmatamento acelerou-se mesmo no século XX, aponta o especialista da Embrapa Evaristo Miranda. Pois, até o século XIX, limitou-se a alguns pontos da faixa costeira, onde se concentrava a maior parte da população. Foi nos anos 1900 que a ocupação desordenada, a especulação imobiliária, a agricultura e o corte ilegal de árvores, entre outros fatores, comprometeram diversas espécies, como as araucárias, cartão-postal do Paraná.

Hoje esse bioma abriga quase 70% da população brasileira (cerca de 135 milhões de pessoas), que pode conhecer exemplares da Mata Atlântica visitando parques e unidades de conservação. O primeiro parque nacional brasileiro foi criado em uma área da Mata Atlântica: o Parque Nacional de Itatiaia, em 14 de junho de 1937, nos estados do Rio de Janeiro e de Minas Gerais. Antes disso, Dom João VI criou, em 1808, uma área de conservação pioneira, o Real Horto Botânico, no Rio de Janeiro, cuja área tinha mais de 2,5 mil hectares.

No Estado de São Paulo, onde se encontram os maiores trechos florestais em melhor estado de conservação, especialistas iniciaram um projeto para aprimorar a gestão dos parques e consolidar a vocação turística sustentável dessas áreas. Em setembro de 2011, o governador Geraldo Alckmin anunciou a intenção de passar para a iniciativa privada a exploração dos parques estaduais paulistas, seguindo um modelo vigente em países como os Estados Unidos, onde o índice de conservação e visitação desse tipo de área é maior do que no Brasil.

É uma forma de procurar assegurar sua conservação, já que o poder público não tem recursos – humanos e financeiros – suficientes para fazê-lo; e sem que o parque deixe de ser público. Apenas sua exploração é que ficaria sob a responsabilidade de empresas, que podem ter contrapartidas de divulgação da sua marca e sua associação a uma atitude sustentável, o que tem sido valorizado pela população. Você pode questionar se isso é só marketing, mas cabe a nós, cidadãos, fiscalizar e pesquisar se as empresas estão realmente fazendo o que falam ou se é o que se chama de *greenwashing*[4].

Além da conservação dos parques em si, a administração mais planejada e com mais recursos pode promover a ampliação da visitação (como ocorre em parques norte-americanos, como o Grand Canyon, em Nevada, cartão-postal dos Estados Unidos) e ações educativas, recebendo escolas etc. Não seria mais bacana e efetivo ter uma aula de botânica durante uma visita à mata? Poder ver pessoalmente plantas sobre as quais se está estudando?

[4] *Greenwashing* é o termo usado quando uma empresa, entidade ou pessoa comunica ações de sustentabilidade, dizendo-se "verde", mas não comprova sua atuação, não passando de propaganda.

Capítulo 4

Florestas e clima. Há uma ligação?

A gente tem ouvido falar muito, na televisão, nas redes sociais e na escola, em aquecimento global e mudanças climáticas. Será que isso é importante e é verdade que o planeta está mais aquecido?

O fato é que, nos últimos anos, temos convivido com cenas tristes de pessoas desabrigadas ou soterradas em diversas regiões do Brasil, por causa de inundações e deslizamentos de terra. Sem entrar no campo dos problemas de infraestrutura e políticas públicas, a explicação é sempre a mesma: o fenômeno climático El Niño, cuja frequência e intensidade

maiores são consequência do aquecimento do planeta, o que leva à seca na região amazônica e também no extremo sul do país – comprometendo nesse caso a agropecuária local e podendo levar a situações extremas de desertificação – e a chuvas intensas na região Sudeste, por exemplo.

Temperaturas mais altas significam uma grande ameaça à produção de alimentos, com escassez e aumento de preço, além de falta de água, podendo gerar agravamento da pobreza e até conflitos, como guerras. Sim, guerras, com povos brigando por água, para não morrer de sede ou de fome. Sem água, não há animais nem lavouras para alimentar as pessoas. Sem água ninguém vive. Simples assim.

E será que as florestas têm alguma coisa a ver com isso? Sim, têm, asseguram os especialistas em clima. Eles alertam para o fato de que as florestas são, principalmente na questão das mudanças climáticas, fundamentais para manter a habitabilidade do planeta. Caso não consigamos reduzir o desmatamento, o clima entrará em processo de instabilidade perigoso, em que eventos extremos como o El Niño se tornarão mais frequentes, provocando prejuízos econômicos e de vida.

Se você acha que é exagero, veja o que diz Olivier Langrand[5], que foi vice-presidente da ONG CI até dezembro de 2011: "Destruir as florestas pode implicar destruir a nossa capacidade de sobrevivência".

Segundo os ambientalistas, as mudanças climáticas, regionais ou globais, seriam intensificadas com o aumento do desmatamento. A preservação das matas, por outro lado, ajudaria a atenuar o aquecimento. Isso porque as árvores absorvem o dióxido de carbono da atmosfera, um dos gases do efeito estufa (GEE), tornando-se grandes depósitos de carbono.

[5] Diretor da ONG Island Conservation desde 2012.

As florestas não são os "pulmões do mundo", como se acreditava, pois respiram tanto quanto liberam oxigênio na atmosfera, mas têm um papel muito importante como reguladoras dos ciclos naturais, como o do carbono, da água e da biodiversidade. Uma floresta tropical como a Amazônica, que está em crescimento, com um número muito grande de árvores por hectare, apresenta uma alta concentração de carbono. Assim, as florestas tropicais acabam sendo, nos tempos atuais, um dos grandes ares-condicionados do planeta, acredita o ecólogo Paulo Moutinho, do Ipam.

Florestas regulam o nível de carbono de duas maneiras: primeiro, retirando o carbono da atmosfera, limpando-a. A Floresta Amazônica e as outras florestas tropicais do mundo, por meio do processo de fotossíntese, retiram o gás carbônico da atmosfera. A segunda contribuição dessas florestas ocorre quando elas mantêm o gás carbônico nos troncos, nas folhas e nas raízes das árvores, atuando como um armazém de carbono e não deixando que esse carbono fique diluído na atmosfera, exercendo um aumento na temperatura.

Mas a floresta já parece dar sinais de cansaço. Estudo realizado por cientistas do Centro de Pesquisas de Woods Hole, nos Estados Unidos, e divulgado na edição de janeiro de 2012 da respeitada revista científica *Nature* revelou que o desmatamento e o aquecimento global estariam tornando a Amazônia mais uma fonte de gases do efeito estufa do que uma esponja para absorvê-los. A conclusão foi tomada após quase vinte anos de pesquisas do Experimento de Grande Escala da Biosfera-Atmosfera na Amazônia, o maior projeto de pesquisa em ecologia e geociências da região.

Para especialistas em clima do Imazon, como Brenda Brito e Solange Teles, a perda atual de florestas contribui, mundialmente, com cerca de 17% das emissões de gases do efeito estufa, uma das principais causas do aquecimento global.

Disponível em: www.imazon.org.br/publicacoes/capitulos-de-livros/redd-e-mudancas-climaticas. Acesso em: 20 mar. 2013.

Protegendo o solo e a água

Além da contribuição para a estabilidade climática, preservar as florestas, não deixando a terra nua, ajuda a evitar a erosão, que implica perda de solo, e a aumentar a absorção de água da chuva, o que é fundamental para a manutenção das águas subterrâneas. O desmatamento também tende a aumentar o depósito de sedimentos em água doce de córregos e de rios, fazendo com que as populações de peixes diminuam, comprometendo o abastecimento dessa fonte de proteína e o ganha-pão de pescadores.

...E ASSIM CAMINHA A HUMANIDADE...

Nada menos do que cerca de três quartos da água doce acessível do mundo vêm de vertentes florestais. Proteger as florestas que restam no planeta seria a única forma de manter nosso suprimento de água doce. A outra seria a dessalinização da água do mar, que é um processo muito caro. Optar por ele não seria uma decisão muito inteligente, se podemos evitá-lo. O que você acha?

Disponível em: www.conservation.org.
Acesso em: 20 mar. 2013.

Ipam

O Instituto de Pesquisa Ambiental da Amazônia (Ipam) é uma organização científica não governamental, fundada em 1995 em Belém (PA), com o objetivo de trabalhar "por um desenvolvimento sustentável da Amazônia que seja pautado pelo crescimento econômico, pela justiça social e pela proteção da integridade funcional dos ecossistemas da região". Seus cientistas e educadores procuram engajar a ciência com o ativismo ambiental na região amazônica, construindo bases para a ação de movimentos sociais e para a formulação de políticas públicas.

O instituto tem como missão combater os três males que seus membros acreditam ameaçar a sobrevivência da floresta e de sua população: paisagem degradada, economias não sustentáveis e injustiça social. Para eles, as soluções para os problemas amazônicos devem incluir a participação ativa das populações que vivem na região, sobretudo os povos da floresta: indígenas, extrativistas, ribeirinhos e quilombolas, entre outros.

Saiba mais sobre o Ipam em www.ipam.org.br.

Capítulo 5

Biodiversidade. Preservar para todos viverem

Com a diminuição das florestas, inúmeras espécies desaparecerão. Segundo a CI, a Mata Atlântica brasileira, um dos 35 *hotspots* e a segunda maior floresta brasileira em extensão, possui 8 mil espécies de plantas, 323 espécies de anfíbios e 48 espécies de mamíferos endêmicos, ou seja, que só existem nesse bioma. São exemplos de animais da Mata Atlântica o mico-leão-dourado, o tamanduá-bandeira, o tatu-canastra, a arara-azul-pequena e a onça-pintada, todos eles sob ameaça de extinção.

A caça desses animais é proibida, e existem diversas campanhas pela sua preservação. A arara-azul virou estrela de cinema e foi a protagonista do desenho animado *Rio*. Tudo isso é legal para conscientizar as pessoas da importância da preservação dessas espécies. Mas, se elas não tiverem seu *habitat*, ou seja, um lugar ideal para viver, onde encontrem alimento e ambiente em que possam procriar, as campanhas de nada adiantarão.

Hoje, com apenas 7,5% de sua cobertura original conservada, a Mata Atlântica corre o risco de sumir do mapa, o que representa uma grande ameaça para essas e outras espécies endêmicas que lá vivem. Na Amazônia, estimativas indicam a existência de mais de 10 milhões de espécies vivas, das quais se conhece apenas uma pequena parte.

Há organizações, como o Instituto Onça-Pintada (www.jaguar.org.br), cujos biólogos se dedicam a estudar a população e o comportamento desses animais. Nos últimos anos, cientes da necessidade de um ambiente melhor para preservar a população de onças, esses profissionais têm se dedicado também a programas de educação de agricultores do Cerrado brasileiro, para conscientizá-los da necessidade de preservar suas áreas de reserva natural, como manda a lei, e ir além, organizando-as de modo a criar um corredor de biodiversidade, uma vez que esses animais precisam de grandes extensões de área para se multiplicar.

Proteger as florestas significa preservar a biodiversidade não apenas porque achamos bonitas as onças-pintadas, as araras-azuis, as vitórias-régias e as begônias, mas pela própria sobrevivência do ser humano, pois todas as espécies têm uma função importante. Romper esse equilíbrio significa um risco de problemas como infestação de pragas, por exemplo. A explicação é simples: sem seus inimigos naturais, a população de algumas pragas aumentaria.

O beija-flor-grande-do-mato (*Ramphodon naevius*), por exemplo, tem papel fundamental na polinização de bromélias da Mata Atlântica de baixada. Abelhas são importantes para polinizar a agricultura, da qual dependemos para nos alimentar. Polinizadores – não só as abelhas, mas também os pássaros, como o beija-flor – precisam de áreas de matas para se alimentar.

E culturas muito importantes para a economia brasileira, como soja, café e laranja, que renderam ao país cerca de US$ 30 bilhões em 2012 em exportações, são altamente dependentes dos polinizadores para produzir mais. Ou seja, a expansão da agricultura – e da nossa economia – depende mesmo da sustentabilidade.

– Vai por mim, Noé... ninguém vai sentir falta dos outros...

Outra consequência da perda de biodiversidade seriam os danos à pesquisa de novos medicamentos, por exemplo. Pois é na observação da natureza e dos mecanismos de sobrevivência dos seres vivos que está a chave para a descoberta de soluções para problemas de saúde que afligem as pessoas. Uma floresta seria como uma grande biblioteca, reunindo informações fundamentais para a vida das pessoas. Se as florestas são destruídas antes que a pesquisa esteja concluída, muitos remédios que poderiam salvar vidas deixam de ser desenvolvidos.

O desenvolvimento da biotecnologia acelerou a descoberta de novos remédios e cosméticos feitos à base de plantas e animais das florestas brasileiras. Atualmente, o comércio de medicamentos originários de florestas tropicais ultrapassa 40 bilhões de dólares por ano, segundo estimativas do setor farmacêutico. E boa parte dos medicamentos e fitomedicamentos encontrados no mercado mundial provém de plantas existentes em território brasileiro (idem). Mas, para o professor da Universidade Federal de Santa Catarina, João B. Calixto, o melhor ainda estaria por vir, pois o potencial econômico-estratégico desse nosso patrimônio genético, escasso na maioria dos países, é muito grande (do artigo "Biodiversidade como Fonte de Medicamentos", publicado na revista da Sociedade Brasileira para o Progresso da Ciência – SBPC).

Disponível em: www.super.abril.com.br/ciencia/aprendendo-arvores-442099.shtml. Acesso em: 20 jan. 2013.

Além disso, existe toda uma população que vive e se sustenta da floresta, e a crescente demanda por produtos florestais representa uma grande oportunidade para essas pessoas.

Um dos modelos de preservação que pode dar certo e que também pode implicar oportunidades para a população local é o manejo florestal sustentável. A extração planejada de madeira e outros produtos, como óleos, frutas, cascas, látex e mel, seria uma forma de gerar renda para a população local, sem prejudicar tanto o ambiente. Duas outras atividades que podem prover recursos para manter a população local são o artesanato e o ecoturismo.

Pense bem: muita gente que vive em cidades gostaria de poder conhecer outras culturas e ter a oportunidade de um contato maior com a natureza, mas não sabe como, ou tem receio. Passeios bem organizados na floresta poderiam ser uma boa alternativa para as férias dessas pessoas, que, com certeza, voltariam da experiência modificadas, tendo aprendido a valorizar mais a natureza e os recursos naturais.

Exemplos de biodiversidade

Amazônia

Flora

- Açaí
- Andiroba
- Babaçu
- Castanheira
- Camu-camu
- Cupuaçu
- Graviola
- Guaraná
- Vitória-régia

Fauna

- Araras e papagaios, como a arara-azul e a ararajuba
- Galo-da-serra
- Jacaré-açu, o maior dos jacarés
- Jiboia
- Macaco uacari-branco
- Onça-pintada
- Peixe-boi
- Pirarucu
- Tartaruga-do-amazonas
- *Titanus giganteus*, um dos maiores besouros existentes, com mais de 15 cm de comprimento
- Tucunaré
- Uirapuru

Mata Atlântica

Flora

- ✓ Ananás
- ✓ Andirá
- ✓ Bromélias, begônias, orquídeas, cipós e briófitas
- ✓ Figueiras
- ✓ Jacarandá, peroba, jequitibá-rosa, cedro
- ✓ Palmeiras
- ✓ Pau-brasil

Fauna

- ✓ Anta
- ✓ Arara-azul-pequena (risco de extinção)
- ✓ Bugio (risco de extinção)
- ✓ Capivara
- ✓ Jaguatirica
- ✓ Mico-leão-dourado (risco de extinção)
- ✓ Muriqui
- ✓ Onça-parda
- ✓ Onça-pintada (risco de extinção)
- ✓ Tamanduá-bandeira (risco de extinção)
- ✓ Tatu-canastra (risco de extinção)

Capítulo 6

Principais desafios. Alimentos, fibras e energia

A FAO, que é a agência da ONU para a alimentação e a agricultura, tem insistido que pode faltar alimento para a população mundial, que terá 9 bilhões de pessoas até 2050. Segundo estimativas do órgão, será preciso uma produção adicional de 1 bilhão de toneladas de cereais e 200 milhões de toneladas de carne ao ano para alimentar todas essas pessoas.

O desenvolvimento da tecnologia agrícola e da genética nas últimas décadas ajudou a aumentar a produção e a alimentar milhões de famintos, especialmente em países pobres, como os africanos, ou em desenvolvimento, como o Brasil e a Índia. Isso, no entanto, levou à degradação do solo e dos recursos hídricos em muitas áreas. Agora, o desafio é desenvolver tecnologias modernas que aliem maior produção de alimentos, fibras e energia à preservação dos recursos naturais, sem os quais, por sinal, não é possível produzir. Um desafio imenso para as empresas de sementes, que têm apostado na biotecnologia para resolver essa equação, para as empresas de defensivos agrícolas e também para pesquisadores científicos e governos.

Diversas empresas multinacionais privadas e públicas, como a nossa Embrapa, têm se dedicado a desenvolver plantas resistentes

– Ah... isso é o que há de mais moderno em camuflagem para a Amazônia hoje: GADO E SOJA!

a algumas pragas (que exigem menos inseticidas em seu cultivo, o que implica economia de combustível, água e menos poluição ambiental), mais produtivas e mais resistentes a condições adversas, como a seca. Mas, por mais que a pesquisa seja avançada, não existe milagre, e sem água não há pé de milho que sobreviva.

Cultivar plantas mais produtivas significa colher mais alimentos, fibra (algodão e celulose) e energia (milho e cana-de-açúcar, por exemplo) na mesma área, sem ter que desmatar mais. Isso é um progresso, mas talvez não seja possível aumentar a produção mundial de alimentos em 1 bilhão de toneladas de cereais e 200 milhões de toneladas de carne ao ano, como a FAO diz ser necessário, sem criar novas áreas para a agricultura. Para produzir carne, por exemplo, de frango, boi ou porco, é preciso ter lavouras de milho, sorgo e soja, para alimentar e engordar os animais, o que demanda terra e água.

O Brasil é um país privilegiado que ainda possui áreas para plantio, especialmente as usadas hoje de maneira pouco produtiva para pastagens. E água. O que a maioria dos países, como os africanos e a China, não tem. Mas, mesmo assim, precisamos cuidar muito para que esses recursos não acabem.

A produção agropecuária ocupa menos de 30% do território brasileiro, e o novo Código Florestal, regulado pela Lei n.º 12.651, de 25 de maio de 2012, deve regular essa produção de alimentos, fibras e energia em nosso país.

Como a agropecuária é uma atividade muito importante para a economia brasileira, responsável por boa parte dos empregos e do PIB do país, era preciso modernizar as leis que a norteiam. Assim, após duas décadas de discussões sobre sua atualização, o Congresso Nacional votou o texto do novo Código Florestal brasileiro, cuja versão até então era de 1965 (Lei n.º 4.771), visando modernizá-lo para conciliar as atividades de produção com a preservação ambiental. Com o avanço da agricultura, especialmente no Cerrado, desde a década de 1990 discutia-se a necessidade de flexibilizar o Código, que é um importante marco regulatório. Ambientalistas e ruralistas concordam que era necessário modernizar a lei – embora não houvesse consenso entre os grupos sobre o que deveria ser alterado.

Pela lei, as propriedades rurais devem manter protegida uma porcentagem de sua área de vegetação natural, além das Áreas de Preservação Permanente (APP), as Reservas Legais. Esse porcentual varia conforme o bioma: na Amazônia deve ser de 80% da área da propriedade; no Cerrado, 35% para os estados da Amazônia Legal e 20% para os demais; e no restante do país, 20%. Uma das discussões na votação do novo Código foi a compensação, uma vez que mais de 40 milhões de hectares de Reserva Legal precisam ser restaurados no Brasil: a anistia a esses agricultores, se eles poderiam compensar e proteger áreas em outros biomas ou bacias hidrográficas, e a recomposição das APPs foram tema de discussões acaloradas entre ambientalistas e ruralistas.

Na versão do Código sancionada pela presidente Dilma Roussef, devem ser recompostos entre 5 e 100 metros de vegetação nativas das APPs nas margens dos rios, dependendo do tamanho da propriedade e da largura dos rios que a cortam. Quanto maior a propriedade rural, maiores as obrigações de recomposição.

Apesar da discussão sobre o tamanho da área a ser preservada, o que todos concordam é que não dá para ficar sem Reserva Legal.

Ela é fundamental para a preservação da biodiversidade, e sua falta poderia acarretar problemas para a própria atividade agrícola, com a perda de animais que fazem a polinização e o controle das pragas, os tais inimigos naturais das pragas, que se alimentam de frutos e flores das matas.

Outra grande discussão sobre o Código Florestal foi a ameaça aos manguezais, ecossistema riquíssimo para a biodiversidade do litoral e de onde vem a subsistência de muita gente que vive nessas regiões. Hoje eles fazem parte das APPs, onde é proibido desmatar. Especialistas alertam que a aprovação do desmatamento de 10% de áreas de mangues no Amapá, Pará e Maranhão, e 35% nos demais estados, para a criação de camarões e instalações de salinas, causará dano à biodiversidade marinha.

Energia e Belo Monte

Como é cortado por diversos rios, o Brasil utiliza muito as usinas hidrelétricas para gerar energia. Energia que não só ilumina as nossas casas, alimenta nossos aparelhos eletrônicos, mas também atende a hospitais, indústrias etc. Enfim, a produção, o conforto, a segurança e a saúde das pessoas dependem muito de energia.

Há outras formas de obter energia, que também empregamos em menor escala, como as termelétricas, mais poluentes, e as usinas nucleares (podemos citar Angra 1, 2 e 3), que podem ter risco, haja vista o Japão, mas são bastante usadas na França, por exemplo; as energias solar e eólica, duas opções ecologicamente mais corretas e adequadas a um país tropical e com uma costa nordestina onde venta muito. Nenhuma é 100% perfeita, como nada na vida é; tudo é uma questão de analisar as condições socioambientais, tecnológicas e econômicas.

De quem foi a ideia de dar o PROJETO DA BARRAGEM para um ARQUITETO fazer?

O fato é que, para continuar a crescer, o Brasil precisa de mais energia, e têm sido construídas algumas usinas hidrelétricas na Amazônia, região bem provida de água. Mas nenhuma gerou tanta discussão quanto a de Belo Monte, no Rio Xingu (PA).

Com custo de R$ 27 bilhões e previsão de início de geração de energia para 2019, após diversos atrasos a usina de Belo Monte tem sido alvo de críticas por parte de ambientalistas, ONGs, comissões de direitos humanos, comunidades indígenas, Ministério Público Federal, entre outros setores da sociedade, por questões ambientais, de não transparência no consórcio que a gerencia, denúncias de cooptação da população local etc. Os técnicos do Imazon, por exemplo, estimam que 175 km^2, pouco mais do que a área da cidade de Natal (RN), serão suprimidos. A Norte Energia, empresa responsável pela obra, diz que as florestas suprimidas já haviam sofrido ação do homem e que haverá replantio para compensação.

E a grande pergunta é: o Brasil precisa mesmo dessa usina? Sua potência instalada será de 11.233 MW, mas, por operar com reservatório muito reduzido, ela deverá produzir efetivamente cerca de 4.500 MW (39,5 TWh, ou 39,5 mil GWh, por ano, já que 1 terawatt é igual a mil gigawatts) em média ao longo do ano, o que representa aproximadamente 10% do consumo nacional (388 TWh em 2009). Em potência instalada, e não em geração de energia, a usina de Belo Monte será a terceira maior hidrelétrica do mundo, atrás apenas da chinesa Três Gargantas (20.300 MW) e da binacional Itaipu (Brasil e Paraguai), com 14 mil MW.

Para refletir: segundo os cálculos da consultoria Andrade & Canellas, a substituição dos 39 milhões de veículos leves hoje em circulação no Brasil por veículos elétricos, alternativa bastante atraente pela redução das emissões de poluentes e porque não são movidos por uma fonte finita como o petróleo, exigiria a construção de cinco usinas como Belo Monte ou três Itaipus, para produzir pouco mais de 190 mil GWh. Se se pensar no dano ambiental local gerado pela construção dessas usinas e no potencial do etanol como combustível no Brasil, trocar toda a nossa frota por carros elétricos não valeria a pena (estudo publicado no portal Exame Economia/Meio Ambiente).

Viu como nada na vida é perfeito e com uma solução apenas? O que precisamos é avaliar cada caso, seu custo-benefício, as alternativas, consultar especialistas e discutir com a sociedade. Pois a sociedade civil organizada tem muito potencial de mobilização para a construção de um país muito bom para se viver.

AC... TIC... TAC... TIC... TAC...

Capítulo 7

Tem conserto?

Em pleno século XIX, há quase duzentos anos, em suas andanças pelo interior do Brasil, para estudos e registros de espécies, o botânico francês Auguste de Saint-Hilaire já se horrorizava com as queimadas da mata virgem. "Árvores gigantescas, incendiadas pelo pé, tombavam com fragor, quebrando outras, ainda não atingidas pelo fogo. Depois, sobre o chão em cinzas onde fora a mata virgem, os destroços dos galhos e dos troncos reduzidos a carvão. E tudo isso o sertanejo faz para colher alguns alqueires de milho, arriscando-se, pela falta de precaução, a perder uma floresta, como se sem floresta fosse possível haver cultura. A gente simples, deslumbrada com a natureza e crente de nunca lhe faltarem as suas dádivas, destrói a floresta como desperdiçava o ouro extraído das minas", registrou Saint-Hilaire em *Viagem às Nascentes do Rio São Francisco e pela Província de Goiás.*

Disponível em: http//www.dec.ufcg.edu.br/biografias/. Acesso em: 20 mar. 2013.

As queimadas, técnica de preparo do terreno a ser cultivado empregada há séculos por pequenos produtores do mundo todo, podem ser bastante danosas no caso de as chamas se alastrarem pelas florestas, o que é agravado sob condições de seca em tempos do fenômeno El Niño.

Queimadas, especialmente nos assentamentos do Instituto Nacional de Colonização e Reforma Agrária (Incra), são uma das práticas que fazem parte da lista das maiores ameaças às florestas, entre elas a expansão da agricultura. As demais, como já vimos, são: extração de madeira, industrialização, construção de rodovias e demais obras de infraestrutura e urbanização sem planejamento.

Mas agricultura e obras como hidrelétricas e rodovias são importantes para alimentar, aquecer, locomover, entreter e levar mais conforto e segurança à população. Isso significa que não há solução e que o futuro das florestas – e do planeta – é negro?

Claro que não, se houver planejamento e forem tomadas medidas para conscientizar, fiscalizar, punir e dar opções para uma exploração econômica das florestas que não as prejudique. As queimadas, por exemplo, prática milenar, podem contar com um programa de prevenção de incêndios e ter fiscalização dos próprios agricultores e, se possível, de brigadas de incêndio formadas na comunidade.

O Incra se comprometeu, no início de agosto de 2013, junto ao Ministério Público, a reduzir os desmatamentos nos assentamentos da Amazônia, com a adoção de medidas de preservação ambiental. Pois, para garantir a sustentabilidade socioeconômica das famílias de pequenos produtores assentados, é preciso poder assegurar que o meio ambiente não seja prejudicado.

No caso de retirada da madeira, como desmatar é caro, trata-se de uma maneira "econômica" de começar a transformar a área em pastagem, que depois servirá à agricultura, financiando o desmatamento do local. A venda da madeira encontra mercado fácil, interno ou externo. O Ministério do Meio Ambiente estimou, em 2008, que o volume

de madeira ilegal da Amazônia que abastece o mercado pode chegar a 90% do total consumido no Brasil. A indústria da construção civil, segundo o estudo oficial, é a que mais se beneficia dessa matéria-prima.

Uma ideia é a conscientização de madeireiros e donos de serrarias no sentido de fazer um inventário da floresta e se informar sobre quais árvores podem ser cortadas, quando o corte deve ser feito e quais as técnicas apropriadas de corte. Isso seria bom para eles; afinal, a madeira é a matéria-prima do seu sustento. Eles não têm interesse em que ela acabe. Não dá para imaginar isso.

Além da madeira para a construção civil e a indústria moveleira, a produção de papel seria outra razão do corte de árvores. Assim, economizar impressões, optar por papel reciclado e ler em *e-books* ou *tablets* seria uma forma de contribuir para reduzir o corte de árvores?

Sim e não. Claro que reduzir o desperdício de papel usado em impressões desnecessárias é bom. Mas hoje alguns estudos já mostram que o reflorestamento, com o plantio de novas florestas, pode ser bom para regular as emissões de carbono. Ao lado da conservação das florestas, o reflorestamento é importante para mitigar os problemas causados pelas elevadas taxas de emissão de CO_2, causa do efeito estufa e principal fator do aquecimento global.

Segundo a Associação Brasileira de Celulose e Papel (Bracelpa), 100% da celulose e do papel produzidos no Brasil vêm de florestas plantadas. O setor mantém, de acordo com a Associação, 2,2 milhões de hectares de florestas plantadas de pinus e eucalipto para fins industriais e preserva 2,9 milhões de hectares de mata nativa. Essas florestas plantadas absorveriam, segundo estudos promovidos pelo setor, 1 bilhão de toneladas de carbono por ano.

Além disso, empresas como a Editora Melhoramentos, uma das associadas da Bracelpa, desenvolvem programas de reflorestamento e responsabilidade socioambiental, protegendo as nascentes de rios e a biodiversidade e envolvendo o pequeno agricultor local em parcerias. A Melhoramentos mantém florestas plantadas desde 1942 em Camanducaia (MG), perto da estância turística de Monte Verde, e recebeu seu certificado FSC, sigla para Forest Stewardship Council (Conselho para Manejo Florestal, em português), uma espécie de selo verde que atesta que a empresa preserva florestas, pratica o reflorestamento e usa insumos extraídos de forma responsável. Ou seja, ao ler os seus livros impressos, como é o caso deste, você não está contribuindo para o desmatamento de florestas nativas.

O mundo precisará cada vez mais de fibras, como a celulose e a madeira, e de combustíveis. E as florestas plantadas são uma boa alternativa para suprir essa demanda de forma responsável. Esse é o pensamento que norteia o projeto Nova Geração de Plantios, coordenado pela rede WWF (World Wildlife Fund), ONG que trabalha em prol do meio ambiente. Esse projeto, que reúne empresas, governos e entidades, consiste em desenvolver e aperfeiçoar um modelo ideal de manejo em que as plantações florestais, como as de eucalipto, mantêm a integridade dos ecossistemas e da biodiversidade, ao mesmo tempo que promovem a inclusão social da população do entorno e o crescimento econômico.

E você tinha preconceito contra lavouras de eucaliptos, achando que essas árvores consumiam muita água, degradavam o solo etc.?! Pois o raciocínio do WWF é que produtos originados de plantações manejadas com boas práticas causam muito menos impacto na natureza do que materiais alternativos para a construção, como o aço, o concreto e o plástico.

A Fibria foi uma das empresas a apoiar o projeto do WWF. Ela ainda criou, em suas áreas de reflorestamento, corredores ecológicos para conectar áreas preservadas e beneficiar a fauna e a flora, além de proteger as bacias hidrográficas e o solo.

Assim, continue lendo no seu *e-book*, caso ache mais prático e bacana, mas não se sinta culpado se preferir o livro impresso. No entanto, pense sempre duas vezes antes de dar o comando de imprimir no seu computador e procure separar papéis e papelões para reciclagem.

Conscientização é tudo

Uma boa notícia é que as florestas tropicais têm notável poder de regeneração, e basta parar de desmatar e degradar para que ambientes como a Mata Atlântica, sozinhos, possam aumentar aos poucos. Sua tendência é de se recuperar, mas, para isso, é necessária uma política de combate ao desmatamento, com conscientização e educação das pessoas e das empresas, fiscalização e fortalecimento da economia florestal, com benefícios para as populações locais, proporcionando outras opções de sustento que não derrubar para vender a madeira ou fazer uma ocupação desordenada da mata. Afinal, sustentabilidade significa melhorar a vida das pessoas, com respeito ao meio ambiente. O tal do equilíbrio. Manter a floresta intocada, mas com pessoas morrendo de fome ou levando uma vida indigna, não faz muito sentido.

SERVIÇO FLORESTAL BRASILEIRO

O Serviço Florestal Brasileiro (SFB), órgão vinculado ao Ministério do Meio Ambiente (MMA), por exemplo, promove oficinas e cursos de capacitação sobre manejo florestal. Nesses cursos, os participantes conhecem novas possibilidades de aproveitamento dos recursos florestais.

Há ainda quem defenda compensar financeiramente os "guardiões das florestas", como os índios e as populações que dependem diretamente delas, e incentivar o pequeno produtor a recuperar a sua área e a encontrar uma atividade que lhe proporcione renda suficiente para sustentar sua família com dignidade.

Uma das propostas do novo Código Florestal é a de pagamento por "serviços ambientais", remunerando o agricultor que preservar sua reserva florestal e Área de Proteção Ambiental, em um claro sinal de que a floresta presta uma série de serviços, tem valor, e que quem a preserva deve receber por isso, ser recompensado por beneficiar muita gente. Essa ideia já é consenso; o desafio é implementá-la. Além disso, as multas por desmatamentos ilegais poderão ser convertidas em serviços de preservação, melhoria e recuperação do meio ambiente.

O WWF é bastante conhecido por seu símbolo: o panda. Afiliado de uma ONG internacional, com sede na Suíça, o WWF atua no Brasil desde 1971, e em 1996 foi criado o WWF-Brasil. A ONG apoiou cerca de setenta projetos em nosso país, alguns deles bem conhecidos, como o Programa de Conservação do Mico-Leão-Dourado e o Projeto Tamar, que estuda e protege as tartarugas.

PROJETO TAMAR
33 ANOS

O WWF executa seus projetos em parceria com outras ONGs regionais, universidades e órgãos governamentais. Desenvolve atividades de apoio à pesquisa, legislação e políticas públicas, educação ambiental e comunicação. Além disso, há projetos de viabilização de unidades de conservação, por meio do estímulo a alternativas econômicas sustentáveis envolvendo comunidades locais.

Quer saber mais sobre a ONG do panda?
Acesse www.wwf.org.br.

Enquanto eram discutidas as novas exigências para percentual de Reserva Legal, matas ciliares e APPs, com o aumento das discussões sobre o assunto e da consciência ecológica, já havia agricultores antenados se antecipando à nova lei e fazendo a restauração florestal com mudas de árvores nativas.

Em 2008, o governo federal lançou uma série de medidas, como o Decreto n.º 6.321, visando combater o desmatamento: restrição de crédito a produtores irregulares, responsabilização de toda a cadeia produtiva por desmatamentos ilegais e informação à sociedade da lista dos infratores e dos municípios críticos do desmatamento. Fiscalização somada à restrição de crédito e imagem comercial denegrida foram fatores determinantes para que alguns municípios buscassem um novo modelo de desenvolvimento e seu enquadramento na categoria de "municípios verdes".

Por fim, parcerias com ONGs, universidades e empresas têm dado bons resultados para diminuir o quadro de desmatamento, entre outras ameaças ambientais, e, ao mesmo tempo, aumentar a produtividade da agricultura e pecuária em municípios como Lucas do Rio Verde (MT) e Paragominas (PA), que saíram da lista de vilões para a de "municípios verdes".

Exemplo

Caso emblemático é o de Paragominas. Com 1,9 milhão de hectares, território maior que o Estado de Sergipe e até que a Bélgica, Paragominas figurou durante anos na lista dos principais desmatadores, tendo sido o maior polo de produção de madeira do país nos anos 1980 e início dos 1990. Era popularmente chamada de "Paragobalas", tal o índice de violência que reinava na região. Em 2011, no entanto, com a conscientização dos agricultores, do poder público, da ajuda de universidades e ONGs, saiu dessa lista e se tornou exemplo de virada. Hoje serve de inspiração para outros municípios da Amazônia em matéria de desenvolvimento sustentável.

Disponível em: http//exame.abril.com.br/revista-exame/edicoes/0997/noticias/paragominas-a-mais-invejada-da-amazonia. Acesso em: 20 mar. 2013.

O Imazon oferece em seu site um guia para outros municípios poderem seguir o exemplo de Paragominas e também serem considerados "municípios verdes". Ele foi elaborado com base em entrevistas com líderes do Terceiro Setor, gerentes de bancos e funcionários ligados ao crédito rural na região, o coordenador municipal de meio ambiente e lideranças do setor agropecuário local.

– Acho que vamos ter que esperar um pouquinho...

Segundo Mauro Costa, presidente do Sindicato Rural do município, o conhecimento e a conscientização foram os fatores fundamentais da mudança. "No início dos anos 1980, os bancos oficiais davam crédito para quem botasse fogo na floresta para desmatar e colocar algumas cabeças de gado. Faltava informação e tecnologia", afirmou Costa em depoimento no evento Diálogos Capitais: "A Questão Ambiental, o grande desafio do século XXI", organizado em novembro de 2011 em São Paulo pela revista *CartaCapital* e pela agência Envolverde. "Agora temos conhecimento de que essa prática era prejudicial à floresta e procuramos educar os agropecuaristas locais", completa. "Temos muito o que melhorar em eficiência e não precisamos desmatar para produzir mais alimentos", diz.

Engajamento e união também foram importantes para a mudança. Costa conta que o sindicato rural fez um pacto com 51 entidades, como associações de bairro e até de misses e donas de casa, para a mudança de comportamento e sensibilização da comunidade.

Agropecuária, pactos e leis

Doze mil km^2 (ou oito megacidades como São Paulo) de florestas desmatadas para virar pasto renderam dois títulos a São Félix do Xingu, no Pará: de campeão do desmatamento e de maior rebanho do país. Mas a pressão da sociedade e do mercado, do Ministério do Meio Ambiente e a falta de crédito levaram as autoridades e os pecuaristas do município a tentar frear o desmatamento e a encontrar

O Estado de S. Paulo, reportagem de Martha Salomão, "Município n.º 1 em desmate troca bovinos por cacau", 18/3/12, p. A-26/Vida & Planeta.

alternativa à pecuária. Resultado: em 2011 o desmatamento caiu 85% no município, e São Félix do Xingu está trocando os bois pelas plantações de cacau.

Nesse caso, a pressão do mercado, que parou de comprar carne produzida em áreas de desmatamento ou de fazendas que empregavam mão de obra infantil ou escrava, foi o que gerou o bom resultado. O Brasil é o maior exportador de carne do mundo, título que nos orgulha, dá emprego e rende divisas para o nosso país. Mas também acarreta problemas para as florestas nacionais se a expansão das pastagens se der em locais de matas nativas. Assim, foram criados programas para acabar com o consumo de carne produzida de forma não sustentável, ambiental e socialmente falando.

A Associação Brasileira de Supermercados (Abras) tem um programa de certificação por meio do qual os supermercados se comprometem a não comprar carne ilegal. E os frigoríficos assumiram perante o Ministério Público (MP) um compromisso de não adquirir bois de fazendas que não respeitam as leis sociais e ambientais. O MP e algumas ONGs, como o Greenpeace, têm feito pressão, cobrando desses setores a comprovação do cumprimento desses acordos. Não se pode dar moleza na fiscalização, para os produtores e os frigoríficos não se acomodarem.

Outra atividade relacionada ao desmatamento é o cultivo da soja, com a expansão da fronteira agrícola para o norte de Mato Grosso, Rondônia e o sul do Pará, por exemplo, entre outras novas fronteiras agrícolas. O Brasil é o segundo maior produtor de soja do mundo, atrás apenas (e muito perto) dos Estados Unidos, e o plantio dessa oleaginosa tem ocupado, nos últimos anos, cerca de 22 milhões de hectares, o que corresponde a 45% de toda a lavoura brasileira de grãos, que também é formada por arroz, feijão e milho, entre outros produtos.

A constatação desses dados resultou na criação, em 2008, dos pactos empresariais da madeira, da carne e da soja, iniciativa desencadeada por entidades da sociedade civil organizada, visando combater a degradação da Floresta Amazônica. Ao assinarem os pactos, as entidades assumem a responsabilidade de não se beneficiarem nem comercializarem produtos provenientes da exploração predatória da Amazônia, além de adotar ações de combate à exploração ilegal da floresta. São as empresas e a sociedade civil fazendo a sua parte. Mas isso só é possível com a conscientização dos consumidores, que passam a boicotar mercadorias de produtores que violarem as legislações ambiental ou trabalhistas e a fiscalizar as empresas.

Com o aumento do conhecimento e da conscientização e a consequente pressão dos compradores, muitos criadores de gado estão se preocupando com o manejo adequado do rebanho. Têm sido adotadas algumas práticas, com bons resultados, como: colocação de grandes bebedouros em áreas centrais dos pastos para o gado não ter que se deslocar muito para beber água nos açudes, o que leva à compactação do solo com o seu pisoteio constante; proteção das nascentes; manutenção da mata para sombrear e melhorar o conforto e consequente ganho de peso do rebanho. Nesse sentido, aliás, muitos produtores estão adotando a integração lavoura-pecuária-floresta, com benefícios para o solo, o gado, as lavouras e a rentabilidade das propriedades. Com mais produtividade, a produção por área aumenta, sem desmatamento de vegetação nativa. É a tecnologia a serviço do meio ambiente.

Não é que educação é muito importante e boa para todo mundo e para o planeta?

– Pronto!... Agora vê se faz cara de ÁRVORE...

...ainda não entendi... Por que ter medo do tal AQUECIMENTO GLOBAL?
Xiiiii... nosso iglu derreteu...

Capítulo 8

E eu com isso?

Se você não está nem aí porque acha que os únicos prejudicados pela destruição das florestas são os seus moradores, engana-se. Elas fornecem matérias-primas para indústrias essenciais, como a farmacêutica e a da construção civil, além, como a gente já viu, de desempenharem papel vital na manutenção do clima, o que afeta a agricultura, entre outros setores vitais da economia. Assim, tanto os moradores das cidades como os agricultores de outras regiões são afetados pelo desmatamento. E agricultura prejudicada por questões climáticas adversas significa alimentos mais caros e escassos.

E mais: você e eu, que moramos na cidade, longe da floresta e fora das áreas agrícolas, também temos responsabilidade sobre sua conservação e podemos fazer a nossa parte.

O estudo "Quem se beneficia com a destruição da Amazônia", realizado em 2008 por iniciativa do Fórum Amazônia Sustentável e do Movimento Nossa São Paulo, mostrou que as populações urbanas são as que mais se beneficiam dos recursos extraídos da floresta, além de serem as maiores consumidoras de alimentos, energia, madeira etc.

Disponível em: http//www.conexoessustentaveis.org.br/exibe.php?id=1380. Acesso em: 20 mar. 2013.

Assim, um primeiro passo para viver bem, reduzir a nossa pegada ecológica e contribuir para proteger as florestas e sua biodiversidade é procurar saber a origem dos alimentos que consumimos, dos móveis que compramos etc. Desse modo, exercemos nossa responsabilidade como consumidores.

"Como assim, ficava no
TOPO DE UMA MONTANHA?"

Assim, à mesa, em casa ou em restaurantes, em lojas e mercados, que tal nos fazermos algumas perguntas?

Posso substituir a água mineral engarrafada por água filtrada?
Preciso de uma roupa nova e de trocar o celular com tanta frequência?
Preciso mesmo de tudo o que estou comprando? Vou usar todas essas camisas?
Preciso deixar todos os meus aparelhos eletrônicos ligados simultaneamente e durante tanto tempo?
Preciso imprimir todas essas cópias? E, depois de impressas, não posso usar o verso da folha como rascunho?
Qual a origem dos materiais que estou usando na reforma da minha casa?
Como foi cultivado este alimento? Onde?
Essas frutas e verduras são da estação?
Posso dispensar as embalagens plásticas, levando ao supermercado ou à feira as minhas próprias sacolas retornáveis?
Dá para fazer de bicicleta ou a pé o trajeto que normalmente faço de carro?
A mesa que pretendo comprar é de madeira certificada?

Se não for possível reduzir o consumo, há ainda a destinação correta dos resíduos e a reciclagem para diminuir o lixo, um grande problema para cidades de diversos portes e para a manutenção dos recursos naturais do planeta.

Tudo é uma questão de hábito. Assim, procure se acostumar a separar o seu lixo e encaminhá-lo a postos de coleta para reciclagem em sua cidade. O importante é saber que somos responsáveis pelo que está ocorrendo no ambiente e temos poder de escolha.

Outro ponto importante é nunca comprar e sempre denunciar o tráfico e o comércio ilegal de espécies de animais e plantas silvestres, que são atividades criminosas que colocam em risco a nossa rica biodiversidade, além de incentivar outros crimes. O declínio de populações de pássaros, espécies que têm um papel fundamental como polinizadoras de plantas, representa uma ameaça à manutenção das florestas. É a natureza, inteligente, interligada e autossustentável. Uma quebra em um dos elos ameaça o todo.

Outras atividades que devem ser combatidas são a caça e a pesca predatórias e indiscriminadas, sem nenhuma forma de regulamentação, comprometendo a reprodução e, assim, a manutenção das espécies. E, cá entre nós, existe esporte mais estúpido e sem sentido do que caçar? Parece filme sobre a nobreza inglesa do século XIX. De lá para cá, muita coisa mudou, e aprendemos muito sobre respeito aos animais.

Viu como não é difícil? Se cada um – governo, empresas e cidadãos – fizer a sua parte, as florestas podem continuar a desempenhar o seu papel de combate ao aquecimento global, celeiro de biodiversidade, proteção do ar e da água. E ainda dar condições de vida digna às suas populações, que não precisarão mais migrar para os grandes centros para sobreviver e sustentar suas famílias.

– OK... Você pode contar essa história de Noé para o juiz...

Caso você tenha dúvida sobre...

- **Agentes Polinizadores** podem ser insetos (como as abelhas), aves e morcegos, que são atraídos pelas flores, especialmente as coloridas. Possuem papel fundamental na perpetuação das espécies vegetais, pela polinização ou disseminação do pólen, fertilizando outras plantas.

- **Amazônia Legal** é como é chamada a região compreendida pelos estados do Acre, Amapá, Amazonas, Pará, Rondônia e Roraima, e parte de Mato Grosso, Tocantins e Maranhão, possuindo trechos da Floresta Amazônica. Engloba uma superfície de aproximadamente 5.217.423 km², correspondente a cerca de 61% do território brasileiro. Foi instituída com o objetivo de definir a delimitação geográfica da região política captadora de incentivos fiscais, visando à promoção do seu desenvolvimento regional.

- **APPs** são as Áreas de Proteção Permanente, determinadas pelo Código Florestal brasileiro, ou seja, por lei. São zonas protegidas, cobertas ou não por vegetação nativa, e possuem grande importância ecológica. São exemplos de APP: áreas de mananciais, encostas e topos de morros, manguezais e matas ciliares. Um dos temas bastante discutidos na reforma do Código Florestal. Pelo novo Código, deve-se proteger de 30 a 500 metros de vegetação, dependendo da largura dos rios e cursos de água que cortam a propriedade.

- **Auguste de Saint-Hilaire,** botânico francês nascido em 1779, foi um dos primeiros cientistas vindos da Europa a poder percorrer livremente territórios do Brasil Colônia, após a mudança da Corte para o Rio de Janeiro, em 1808. De 1816 a 1822, visitou as províncias do centro e do centro-sul do Brasil, recolhendo pelo caminho um proveitoso acervo botânico, registrando suas andanças em um diário de viagem, publicado mais tarde na França e considerado um retrato fiel e objetivo da paisagem e dos costumes do Brasil do início do século XIX.

- **Biodiversidade,** ou diversidade biológica, refere-se à riqueza e à variedade de vida – fauna ou flora – existentes em uma região. Quanto mais vida presente, mais biodiversa é a região. As plantas, os animais e os microrganismos fornecem alimentos, remédios e boa parte da matéria-prima a ser consumida pelo ser humano.

- **Bioma** é um conjunto de ecossistemas que funcionam de maneira estável. É caracterizado por um tipo principal de vegetação, mesmo havendo outros. Cerrado, Floresta Amazônica, Mata Atlântica, Caatinga, Pampa e Pantanal são exemplos de biomas brasileiros, que se caracterizam por uma grande diversidade de animais e vegetais.

- **Código Florestal** é um documento em forma de lei que estabelece limites para o uso e a exploração da terra, por exemplo, para a prática da agricultura. É ele que determina os parâmetros para preservação e estabelece punição para crimes ambientais.

- **Erosão** é a ocorrência de um processo de deslocamento de terra ou de rochas de uma superfície, com perda de solo. Pode ser causada pela chuva, que provoca deslizamentos e infiltrações, e pela ação do homem, ao deixar a terra sem cobertura vegetal, portanto desprotegida contra a ação da chuva, e ao utilizar arados no preparo do solo.

- **Espécie endêmica** é aquela natural ou específica de determinada região.

- **Espécies nativas** são as plantas naturais de uma determinada região. Durante milhares de anos, elas vêm interagindo com o ambiente e passando por um rigoroso processo de seleção natural que gerou espécies resistentes e adaptadas ao local. Possuem um papel fundamental, pois controlam o excesso de água das chuvas no solo, evitam a perda de água dos rios e oceanos, gerenciam a filtração e a absorção de resíduos presentes na água e fornecem alimentação e abrigo para agentes polinizadores.

- **Hans Staden,** marinheiro e cronista alemão que visitou duas vezes o Brasil no século XVI. Em 1553, foi nomeado condestável (comandante) da fortaleza de Bertioga (SP) por Tomé de Sousa. No ano seguinte, foi aprisionado pelos tupinambás, sendo ameaçado de morte e de ser devorado num ritual antropofágico da tribo. Conseguiu adiar sua morte até ser resgatado, meses depois, por um navio francês, no qual voltou à Europa. Em 1557, foi publicada em Hessen, Alemanha, a primeira edição do livro em que relatou suas aventuras. A obra foi traduzida para os idiomas flamengo, holandês, latim e francês. A primeira edição em língua portuguesa apareceu em 1892.

- **Hotspots** são locais ricos em biodiversidade e, ao mesmo tempo, os mais ameaçados do mundo.

- **Gases do efeito estufa** (GEE) são encontrados na atmosfera da Terra em proporção harmônica, o que é essencial para regular a temperatura no planeta, para que não esfrie muito, o que inviabilizaria a vida do ser humano, por exemplo. O problema é quando ocorre um desequilíbrio na disseminação ou na redução desses gases, como agora, quando eles têm proliferado rapidamente, aumentando a temperatura, o que é chamado de mudança climática. Entre os fatores que contribuem para a ampliação desses gases na atmosfera estão: queimadas, extração de combustíveis fósseis, desmatamento e consumo excessivo de carne, uma vez que o gado emite gás metano, um dos GEEs mais nocivos para a saúde e o meio ambiente.

– ...tempo instável com sol e chuva, podendo gear à noite com temperatura máxima de 35 °C e mínima de 6 °C...

- **Mata ciliar** é a formação vegetal localizada nas margens dos rios, córregos, lagos, represas e nascentes. É considerada pelo Código Florestal brasileiro uma Área de Preservação Permanente (APP), em razão de suas funções ambientais, e deve respeitar uma extensão específica de acordo com a largura do rio, lago, represa ou nascente. Sua ausência pode fazer com que a água da chuva escoe sobre a superfície, não permitindo sua infiltração e seu armazenamento no lençol freático, reduzindo as nascentes e causando erosão e assoreamento, entre outros danos ambientais.

- **Manejo Florestal Sustentável** é uma forma de atividade florestal que promove a colheita de árvores com técnicas de mínimo impacto ambiental. Ele valoriza a floresta em pé, já que sua existência é o que garante a sobrevivência econômica da atividade florestal. Também possibilita que as populações da floresta vivam dos recursos proporcionados por ela, evitando sua derrubada para dar lugar a outras atividades produtivas. Com isso, contribui para que a floresta seja preservada e tenha, ao mesmo tempo, valor econômico.

- **ONG,** abreviação de Organização Não Governamental, é como são conhecidas entidades sem fins lucrativos, não empresariais e sem ligação com governos.

- **Padre José de Anchieta** nasceu em 1534 nas Ilhas Canárias. Jesuíta, veio ao Brasil em 1553, na esquadra que trazia o governador-geral Duarte da Costa. Participou da fundação do primeiro colégio de São Paulo de Piratininga, hoje a capital do estado. Tinha interesse em aprender a língua dos nativos, o que ajudou no processo de sua catequização. Interessava-se também por letras e compôs poesias e cânticos. Além disso, cuidava de doentes, o que levou o botânico Saint-Hilaire a situá-lo "...entre os homens mais

extraordinários de seu tempo" (*Viagem à Província de São Paulo.* Livraria Martins Editora). Foi beatificado em 1980.

- **Parques estaduais ou nacionais** são um tipo de Unidade de Conservação regido por legislação específica e administrado pelo instituto florestal de cada estado ou da União.

- **PIB,** sigla de Produto Interno Bruto, representa a soma, em valores monetários, de todos os bens e serviços finais produzidos em uma região, durante um período determinado. O PIB é um dos indicadores mais utilizados na macroeconomia e tem como objetivo principal mensurar a atividade econômica de uma região. Em seu cálculo, consideram-se apenas bens e serviços finais, excluindo da conta todos os bens de consumo intermediários.

- **Reserva legal** refere-se à área de uma propriedade rural necessária à conservação da biodiversidade, ao abrigo e à proteção da fauna e da flora. O tamanho varia de acordo com a localização e seu bioma. Na Amazônia, equivale a 80% da propriedade; no Cerrado, a 35% para os estados da Amazônia Legal e 20% nos demais. Nos outros biomas (Mata Atlântica, Pampa, Caatinga, Pantanal), é de 20%.

- **Terras indígenas** foram criadas pela Constituição de 1988, demarcando em caráter permanente as terras que já eram tradicionalmente habitadas por populações indígenas, reconhecendo seu direito original sobre elas, além de sua organização social, costumes, línguas, crenças e tradições.

- **Unidades de Conservação** (UCs) são áreas de proteção ambiental, criadas pela Lei n.º 9.985, de 2000, visando à conservação da sua biodiversidade. Estão divididas em dois grupos: as de Uso Sustentável e as de Proteção Integral. Estas últimas podem ser reservas, estações biológicas e ecológicas, parques nacionais e estaduais, monumentos naturais ou refúgios da vida silvestre.

– Ahnnn... melhor você avisar ao pessoal que nós vamos de ônibus...

Para saber mais

CONSERVAÇÃO INTERNACIONAL (CI)
www.conservacaointernacional.org.br

EMBRAPA
www.embrapa.br

FUNDAÇÃO SOS MATA ATLÂNTICA
www.sosmatatlantica.org.br

INSTITUTO AGRONÔMICO DE CAMPINAS (IAC)
www.iac.sp.gov.br

INSTITUTO DE PESQUISA AMBIENTAL DA AMAZÔNIA (IPAM)
www.ipam.org.br

INSTITUTO DO HOMEM E MEIO AMBIENTE DA AMAZÔNIA (Imazon)
www.imazon.org.br

INSTITUTO FLORESTAL
www.iflorestal.sp.gov.br/pesquisa

INSTITUTO NACIONAL DE PESQUISAS DA AMAZÔNIA (INPA)
www.inpa.gov.br

INSTITUTO ONÇA-PINTADA
www.jaguar.org.br.pt

PROJETO DE MONITORAMENTO DA FLORESTA AMAZÔNICA BRASILEIRA POR SATÉLITE (PRODES), DO INPE
www.obt.inpe.br/prodes

SERVIÇO FLORESTAL BRASILEIRO (SFB)
www.sfb.gov.br

SITE DO ANO INTERNACIONAL DAS FLORESTAS, DA ONU
www.un.org/en/events/iyof2011/

THE NATURE CONSERVANCY (TNC)
www.nature.org/ourinitiatives/regions/southamerica/brasil/index.htm

WWF-BRASIL
www.wwf.org.br